CW01648503

Learn Portuguese
Bilingual Book
The Adventures of Julius Caesar
Portuguese - English

www.bilinguals.ink

Discover the Fun, Addictive Way to Learn Portuguese!

Introducing Our New Bilingual Text Series.

Each Unique Story is Inspired by a Historical Figure & Written in Modern Language for Readers of All Ages to Enjoy!

Looking for a fun way to learn Portuguese? We've got the book series for you!

Our new bilingual text series features books written Portuguese for all skill levels. Translated sentence by sentence, the corresponding English translation is placed below the original Portuguese sentence so you can easily compare the vocabulary and sentence structure. We have found this presentation technique creates a fun and motivating way to learn, with many readers saying the learning experience is similar to putting a puzzle together. Our readers learn a new language faster, because they are reading content that interests them and the sentence by sentence translation guarantees that the natural reading flow is not interrupted.

Learn Two Things At Once!

Using modern language, we present fresh views on exciting and important historical events, so that not only do you learn a new language, but you also gain valuable general knowledge.

With this edition you get:

• Translations that use modern, “chatty” language so that you better understand what’s written and learn words people actually use today!
• Stories written to entertain you. They are funny, interesting AND they carry educational value so you’ll want to keep reading and learning!
• Stories told by different characters in the first person – this unique story-telling method will keep you engaged and make your reading experience even more enjoyable!
• Content that is based on facts so that you increase your general knowledge, while also learning a new language!

Other Books from this Series:

Learn Portuguese - Bilingual Book
The Life of Cleopatra

Learn Portuguese - Bilingual Book
The Adventures of Julius Caesar

Learn Portuguese - Bilingual Book
Vercingetorix vs Caesar
The Battle of Gaul

Learn Portuguese - Bilingual Book
The Starry Night

Table of Contents

BILINGUAL	7
Bilingual - The Young Julius Caesar	8
Bilingual - Kidnapped	18
Bilingual - Macresco	29
Bilingual - Servilia – The Other Woman	40
Bilingual - The Last Days of Caesar	49
PORTUGUESE	59
O Jovem Júlio César	60
Sequestrado	65
Macresco	70
Servília - A Outra Mulher	75
Os Últimos Dias de César	79
ENGLISH	83
The life of Julius Ceasar	84
Kidnapped	88
Macresco	92
Servilia – The Other Woman	96
The Last Days of Caesar	100

BILINGUAL

O Jovem Júlio César
The Young Julius Caesar

O meu rosto sorridente tinha um jeito engraçado de abrir portas para mim.
My smiling face had a funny way of opening doors for me.

Todas as mães dos meus amigos achavam que eu era, simplesmente, o jovem garoto mais engraçado e as minhas boas maneiras nem sequer magoavam.
All the mothers of my friends thought I was just the cutest young boy and my good manners didn't hurt either.

Quando eu bati na grande porta de madeira da casa do meu companheiro Júlio César, a sua mãe Aurelia Cotta levou-me para dentro da casa.
When I knocked on the large wooden door at the home of my buddy Julius Caesar, his mother Aurelia Cotta ushered me into the house.

"Bem-vindo Flávio ", exclamou ela com um sorriso.
"Welcome Flavio," she exclaimed with a grin.

"Júlio é tão abençoado por ter um amigo como você."
"Julius is so blessed to have a friend like you."

Eu aceitei, graciosamente, as suas amáveis palavras

com um aceno de cabeça (e um grande sorriso, é claro), em seguida, dirigi-me ao pátio, onde eu sabia que Júlio estaria jogando.
I graciously accepted her kind words with a nod of my head (and a big smile of course) then headed for the courtyard, where I knew Julius would be playing.

A casa de Júlio era muito grande como as casas Romanas.
Julius's house was pretty big as Roman houses go.

Não era, de forma alguma, a maior de Roma, mas mesmo assim impressionante.
Not the largest in Rome, by any means, but impressive just the same.

O pai de Júlio era Gaio Júlio César.
Julius's father was Gaius Julius Caesar.

Ele era um magistrado bem conhecido e ex-governador da Ásia.
He was a well-known magistrate and former governor of Asia.

Aurelia Cotta também era de uma das melhores famílias de Roma e, portanto, a família de César não era pobre.
Aurelia Cotta was also from one of the better families in Rome so Caesar's family was not poor.

A casa deles estava localizada numa grande colina, com vista para a cidade abaixo.
Their house sat on a large hill overlooking the city below.

Quando eu encontrei Júlio, ele estava se divertindo com um jogo da bugalha.
When I found Julius he was amusing himself with a game of knucklebones.

O jogo é jogado usando as pequenas bugalhas de ovelhas ou cabras.
The game is played using the small knucklebones of sheep or goats.

O objetivo do jogo é lançar um punhado de bugalhas ao ar e fazer com que o maior número possível caia na parte de trás da sua mão.
The object of the game is to throw a handful of knuckles into the air and have as many of them as possible land on the back of your hand.

Quantos mais nós dos dedos você usar, mais difícil será.
The more knuckles you used the more difficult.

Como pode imaginar, não foi um jogo fácil de jogar, mas Júlio parecia estar gostando do desafio.
As you might imagine, it wasn't an easy game to play but Julius seemed to be enjoying the challenge.

"Ó Flávio ", gritou Júlio.
"Oh Flavio," yelled Julius.

"Estou muito contente por ver você. Eu estava começando a ficar louco por não ter ninguém com quem brincar. Bem, ninguém a não ser a minha irmã Júlia e o pensamento de brincar com bonecas de novo era, simplesmente, demais para eu suportar."

"I am so glad to see you. I was beginning to go crazy having no one to play with. Well, no one but my sister Julia and the thought of playing with dolls again was just too much for me to endure."

"Agora podemos jogar um jogo de guerra. Você, Flávio, pode ser o inimigo de Roma e eu serei o Grande César. O melhor soldado que Roma já conheceu! "
"Now we can play a game of war. You Flavio can be the enemy of Rome and I will be the Great Caesar. The finest soldier Rome has ever seen!"

Eu estava prestes a reclamar sobre ser sempre o inimigo, quando Júlio me lançou uma espada de madeira da sua caixa de brinquedos; a alça da lâmina aterrou a centímetros dos meus pés.
I was just about to complain about always being the enemy when Julius tossed me a wooden sword from his toy box; the handle of the blade landed inches from my feet.

À medida que segunda passava, Júlio já tinha retirado a sua própria espada da caixa e estava cobrando-me como um touro enfurecido.
As the next second passed, Julius had already pulled his own sword from the box and was charging me like a raging bull.

Eu era um garoto grande para os dez anos que tinha e Júlio era muito mais pequeno, mas eu sabia que, se eu não agisse rapidamente, o Grande César estaria nas minhas costas pedindo misericórdia. *I was a big boy for ten and Julius was much smaller but I knew if I didn't act quickly the Great Caesar would have been on my back begging for mercy.*

Inclinei-me rapidamente para pegar minha espada e desviei o primeiro golpe de César, com a extremidade da minha lâmina.
I bent over quickly to pick up my sword and deflected Caesar's first blow with the edge of my blade.

A nossa grande batalha durou, pelo menos, cinco minutos, com espadas a baterem umas nas outras, até que eu finalmente recuei.
Our big battle lasted for at least five minutes with swords crashing into one another until I finally retreated.

No final, como esperado, o grande César saiu vitorioso.
In the end, as expected, the Great Caesar remained victorious.

"Existe alguma coisa para comer", perguntei eu, esfregando o meu estômago esfomeado.
"Is there anything to eat," I asked, rubbing my stomach with hunger.

"Eu acho que o Grande César pode encontrar um naco ou dois para o derrotado, disse Júlio sorrindo. E que tal uma tigela de figos e mel?"
"I think the Great Caesar can find a morsel or two for the defeated, said Julius laughing. How does a bowl of figs and honey sound?"

Segui César desde o pátio até às traseiras da casa onde a Culina ou cozinha estava localizada.
I followed Caesar from the courtyard to the back of the house where the Culina or kitchen was located.

Na cozinha de César apenas os escravos preparavam as refeições, mas hoje a pequena sala estava vazia.
In Caesar's kitchen only slaves cooked meals but today the small room was empty.

"Eles devem estar no jardim colhendo ervas para a refeição de hoje à noite", disse Júlio.
"They must be in the garden collecting herbs for tonight's meal," said Julius.

"Parece que vamos ter que ajudar-nos a nós mesmos."
"We will have to help ourselves it seems."

Enquanto nós os dois estávamos ocupados à procura da panela doce do mel na despensa, uma gargalhada familiar chamou a nossa atenção.
While the two of us were busy looking in the pantry for the sweet pot of honey some familiar laughter caught our attention.

Atrás de nós, acabada de entrar no quarto, estava a irmã de Júlio, Júlia, e a sua boa amiga Cornélia.
Behind us just entering the room was Julius's sister Julia and her good friend Cornelia.

"Ó Deus, é apenas a minha irmã feia", reclamou César.
"Oh God, it's just my ugly sister," Caesar complained.

"Como você se atreve a dirigir-se a mim de tal forma", Júlia respondeu.
"How dare you address me in such a manner," Julia responded.

Antes que Júlio pudesse falar novamente, uma colher grande de madeira veio voando pelo ar, atingindo-o diretamente em seu traseiro.
Before Julius could speak again a large wooden stirring spoon came flying through the air, hitting him directly on his backside.

"No alvo," gritou Júlia.
"Bull's-eye," Julia shouted.

César, por sua vez, começou a perseguir as meninas à volta da cozinha, incentivando a que eu me juntasse à batalha.
Caesar, in turn, started chasing the girls around the kitchen encouraging me to join the battle.

Enquanto eu seguia Júlio, como um bom soldado, reparei que ele estava gastando toda a sua energia tentando apanhar Cornélia e não Júlia.
As I followed Julius like a good soldier I noticed he was spending all of his energy trying to catch Cornelia and not Julia.

Quando ele, finalmente, alcançou-a e levou-a pelo braço, a jovem Cornélia opôs-se.
When he finally caught up with her and took her by the arm, the young Cornelia objected.

"Não é a mim que queres, Júlio."
"It's not me that you want Julius."

"Não é verdade", disse César, enquanto todos começaram com risinhos e gargalhadas.
"Not true," Caesar said, whereupon everyone began to giggle and laugh.

Cornélia também estava a começar a corar.
Cornelia was also beginning to blush.

Com isso, as duas meninas correram para dentro da casa, deixando-nos a ambos com o nosso mel.
With that both girls scampered off into the house leaving the two of us to our honey.

"Outra batalha ganha", comentei eu com César à medida que nós comíamos.
"Another battle won," I commented to Caesar as we ate.

"Quase ganhou", respondeu ele.
"Almost won," he replied.

"Mas, um dia, eu vou casar com essa garota."
"But I will marry that girl one day."

Eu acreditei nele, sem duvidar.
I believed him without a doubt.

Meu amigo Júlio não era apenas mais um garoto comum.
My friend Julius was not just another ordinary boy.

Havia algo nele que era diferente.
There was something about him that was different.

O tempo contaria o conto.
Time would tell the tale.

Quando Júlio tinha apenas quinze anos de idade, o seu pai morreu e logo todo o seu mundo começou a mudar.
When Julius was only fifteen years of age his father died and soon after his whole world began to change.

Nós tínhamos sido próximos até então, mas após a morte do seu pai, nós fomo-nos distanciando aos poucos.
We had been close up until then but after his father's death we slowly grew apart.

Eu estava ocupado, a trabalhar na plantação da minha família, ajudando a tratar das vinhas, e Júlio estava a começar uma nova carreira no exército.
I was busy working on my family's plantation helping tend the vineyards and Julius was beginning a new career with the army.

As suas façanhas como soldado e depois como

comandante eram o assunto da cidade.
His exploits as a soldier and then as a commander were the talk of the town.

Apesar de sua tenra idade, Júlio rapidamente se tornou num grande soldado e, mais importante, num grande líder.
Despite his young age Julius quickly became a great soldier and more importantly, a great leader.

Houve um rumor, naqueles primeiros dias, de que ele estava para se casar, mas, por razões desconhecidas para a maioria, o casamento nunca aconteceu.
There had been a rumour in those early days that he was to marry but, for reasons unknown to most, the marriage never occurred.

No entanto, o motivo era bastante claro para mim.
However, the reason was quite clear to me.

Ela, simplesmente, não era o seu verdadeiro amor.
She simply wasn't his true love.

Vários anos depois, com a idade de dezoito anos, Júlio César finalmente se casou.
Several years later at the age of eighteen Julius Caesar finally did marry.

A noiva era a mesma garota que ele tinha perseguido há muito tempo na cozinha do seu pai; Cornélia!
The bride was the very same girl he had chased so long ago in his father's kitchen; Cornelia!

Sequestrado
Kidnapped

O jovem Júlio César estava na proa do navio de grãos Romano e olhou para o mar à sua frente.
The young Julius Caesar stood at the bow of the roman grain ship and looked out at the sea before him.

O menino do qual eu havia cuidado, há anos atrás, havia crescido, rapidamente, transformando-se num homem muito bonito.
The boy I cared for years ago had grown quickly into a very handsome man.

Como seu médico pessoal, eu conhecia muito bem o homem capaz no qual Júlio se tinha tornado.
As his personal physician I knew all too well how capable a man Julius had become.

Mas a sua mãe, um pouco preocupada, tinha a ideia de que César não poderia atar os atacadores das suas sandálias, sem uma legião de ajudantes ao seu lado!
But his mother, a bit of a worry wart, had the idea that Caesar couldn't tie the laces of his sandals without a legion of helpers at his side!

Yui contratado para cuidar das crianças.
I was hired to babysit.

A névoa pesada que surgiu desde cedo, naquela manhã, estava a começar a dissipar.
The heavy fog from earlier that morning was just beginning to lift.

Juntei-me a Júlio no convés e ambos assistimos, em silêncio, ao surgir do sol por entre as nuvens.
I joined Julius on the deck and we both quietly watched the sun break through the clouds.

Ele ia a caminho da ilha de Rhodes para estudar filosofia e eu tinha sido enviado, pela sua mãe, para ir com ele nessa jornada.
He was on his way to the island of Rhodes to study philosophy and I had been sent with him on this journey by his mother.

Essa viagem para Rhodes seria curta, mas seria um retiro bem-vindo, relativamente às demandas diárias, de uma Roma movimentada, para nós os dois.
This trip to Rhodes would be a short but welcome retreat from the daily demands of a busy Rome for both of us.

Júlio tinha acabado de se estabelecer num pequeno barril de rações e estava a começar a ler um livro que ele tinha retirado de debaixo do seu manto e foi aí que a ação começou.
Julius had just settled down on a small keg of rations and was starting to read a book he had pulled out from under his cloak and that's when the action began.

Eu estava prestes a deixá-lo dedicado aos seus estudos, quando uma batida forte e perturbadora sacudiu o navio.
I was about to leave him to his studies when a loud and disturbing thud shook the ship.

Não fosse pela força e velocidade de Júlio, esse velho médico podia ter sido atirado para a direita, sobre o lado do navio e no mar.
If it hadn't been for Julius's strength and speed this old doctor might have been thrown right over the side of the ship and into the sea.

Eu murmurei um rápido agradecimento à medida que ele se amparava a meus pés.
I mumbled a quick thank you as he steadied me on my feet.

Em seguida, ambos nos viramos para ver o que tinha causado aquele barulho tão alto e vimos um navio mais pequeno, ostentando uma bandeira estrangeira, abraçando o lado leste da popa.
Then we both turned to see what had caused such a loud noise and saw a smaller ship boasting a foreign flag hugging the east side of the stern.

Apanhados de surpresa, de repente estávamos na companhia indesejada de piratas empunhando espadas!
Caught by surprise, we were suddenly in the unwelcome company of sword wielding pirates!

Um amigo, que também estava acompanhando Júlio nessa viagem, cambaleou para o convés do casco

abaixo.
A friend, who was also accompanying Julius on this trip, staggered to the deck from the hull below.

Seu nome era Caro e ele possuía uma plantação não muito longe da cidade de Roma.
His name was Caro and he owned a plantation not far from the city of Rome.

Nós os três ficámos congelados, em silêncio, enquanto o bando de piratas Cilícios embarcaram no navio de grãos.
The three of us stood frozen in silence as the band of Cilician pirates boarded the grain ship.

Nós soubemos, imediatamente, que os piratas não estavam interessados no grão valioso que estava no casco do navio.
We knew immediately that the pirates were not interested in the valuable grain in the hull of the ship.

Em vez de trigo, esses piratas direcionavam o seu interesse para o próprio César e para o resgate considerável que eles poderiam obter com a sua libertação.
Instead of wheat these pirates directed their interest to Caesar himself and the sizeable ransom they could get for his release.

Júlio era um homem bravo e corajoso, mas ele entendeu que ele estava em desvantagem perante os invasores.
Julius was a brave and courageous man, but he understood he was outnumbered by the intruders.

Os piratas Cilícios tinham sido uma pedra no sapato de Roma, durante anos até agora.
The Cilician pirates had been a thorn in the side of Rome for years now.

No entanto, eles foram um problema que os exércitos Romanos muitas vezes ignoravam porque eles trouxeram os escravos da nobreza Romana e o trabalho livre.
However, they were a problem the Roman armies often ignored because they brought the Roman nobility slaves and free labour.

Mas agora, com uma espada afiada apontada, perigosamente, perto da garganta de César, o hábito de ignorar os piratas parecia ser uma má prática.
But now, with a sharp sword held dangerously close to Caesar's throat, the habit of ignoring the pirates seemed a poor practice.

O pirata, que era claramente o líder, por fim, aproximou-se de Júlio.
The pirate who was clearly the leader eventually approached Julius.

Ele tinha um sorriso malicioso no rosto.
He had a wicked smile on his face.

Eu sabia que ele era o líder apenas porque falava mais e carregava uma barriga maior do que o resto.
I knew he was the leader only because he talked the most and carried a belly bigger than the rest.

Ele era um homem que, claramente, gostava mais de

dar ordens do que de cumpri-las.
He was a man who clearly enjoyed giving orders more than taking them.

"Meu querido Júlio César, finalmente nos conhecemos. Estou triste por não ser nas melhores circunstâncias, mas os homens de comércio, como eu, precisam de atacar quando surge a oportunidade."
"My dear Julius Caesar, we finally meet. I am sad it could not be under better circumstances but men of commerce, like myself, need to strike when the opportunity presents itself."

"Claro", respondeu César.
"Of course", Caesar responded.

"Mas eu estou surpreso, tendo em conta a sua elevada estatura, que você não tenha fundado esse navio e tudo o que está dentro dele, quando embarcou hoje."
"But I am surprised considering your great size that you didn't sink this ship and all on it when you boarded her today."

O líder dos piratas começou a rir.
The leader of the pirates began to laugh.

"César, eu sabia que você seria precioso para mim, mas eu nunca imaginei que você fosse divertido. Não só vamos ganhar uma avultada quantia de vinte talentos pelo seu regresso, mas também vamos desfrutar de uma piada ou duas."

"Caesar, I knew you would be valuable to me but I never imagined you would be entertaining. Not only will we earn a hefty sum of twenty talents for your return but we will enjoy a joke or two as well."

"Vinte talentos, gritou César, irritado. Quem você pensa que está sequestrando, afinal? Eu valho duas vezes mais. Garantir-lhe-ei cinquenta talentos pela minha libertação!"
"Twenty talents, Caesar shouted angrily. Who do you think you are kidnapping, anyway? I am worth twice that much. I will guarantee you fifty talents for my release!"

Os piratas que estavam sempre à procura de um bom negócio, aceitaram a oferta de César de imediato e sem argumento.
The pirates who were always in search of a good deal accepted the offer from Caesar right away and without argument.

Os piratas levaram então César e a mim para fora do navio de grãos e para dentro do navio pirata.
The pirates then took Caesar and I off the grain ship and onto the pirate ship.

Caro foi deixado para trás.
Caro was left behind.

O seu trabalho era viajar até à cidade mais próxima e levantar o resgate.
It was his job to travel on to the closest city and raise the ransom.

Ao longo dos trinta e oito dias seguintes, Júlio e eu fomos mantidos em cativeiro, no navio do pirata.
For the next thirty eight days Julius and I were held captive on the pirate's ship.

Como o passar dos dias, eu fiquei surpreso ao ver o quão rápido César travou amizade com seus sequestradores.
As the days passed I was surprised to see how quickly Caesar made friends with his kidnappers.

Ele passaria todo o seu tempo contando piadas e fazendo-os rir.
He would spend all of his time telling jokes and making them laugh.

Ele leu poesia e recitou discursos para eles.
He read them poetry and recited speeches.

Se alguém criticasse o seu desempenho, ele responderia, chamando eles de selvagens e ameaçando pendurar todos eles como punição.
If anyone criticised his performances he would respond by calling them savages and threatened to hang them all as punishment.

Os piratas, por outro lado, viram a língua de César com diversão, julgando ele mais simples do que sábio.
The pirates, on the other hand, viewed Caesar's tongue with amusement thinking him more simple than wise.

Decorridos trinta e oito dias, Caro voltou, o resgate foi

pago e foi-nos restituída a nossa liberdade.
After thirty eight days Caro returned, the ransom was paid and we were given our freedom.

Para minha surpresa, em vez de continuar a sua viagem a Rhodes, César seguiu para Mileto, onde contratou navios e homens, para perseguir os piratas.
Much to my surprise, instead of continuing his trip to Rhodes, Caesar proceeded to Miletus where he hired ships and men to give chase to the pirates.

Enquanto isso, de volta ao navio pirata, o pirata gordo e a sua tripulação já tinham esquecido o jovem César.
Meanwhile, back on the pirate ship, the fat pirate and his crew had already forgotten about the young Caesar.

Eles estavam ocupados comemorando a sua vitória, quando, de repente, uma batida forte e perturbadora sacudiu o navio.
They were busy celebrating their victory when suddenly a loud and disturbing thud shook the ship.

O pirata gordo e o seu saco com o dinheiro do resgate saíram voando pelo ar, batendo num muro e caindo ao chão.
The fat pirate and his bag of ransom money went flying through the air, crashing into a wall and falling to the floor.

Quando ele correu até ao convés, para ver a razão de toda a comoção, ele ficou horrorizado ao ver que um grande navio de guerra Romano tinha abalroado

a lateral da sua embarcação.
When he rushed up onto the deck to see what all the commotion was about he was horrified to see a big Roman warship had rammed the side of his vessel.

As mesas tinham virado de repente! De pé, diante dele, estava César, raivoso, acenando com a espada no ar, com uma centena de soldados Romanos por detrás dele.
The tables had suddenly turned! Standing before him was Caesar waving his sword angrily in the air with a hundred Roman soldiers behind him.

Travou-se uma breve batalha e todos os piratas foram capturados.
A short battle took place and all the pirates were captured.

César tinha sido um homem de palavra.
Caesar had been a man of his word.

Como prometido, todos e cada um dos piratas foram condenados à morte.
As promised, each and every one of the pirates was put to death.

César, por outro lado, escapou da batalha com não mais do que um arranhão.
Caesar, on the other hand, escaped the battle with no more than a scratch.

Enquanto eu estava fazendo o curativo da sua pequena ferida, César olhou para o velho médico.
While I was bandaging his small wound, Caesar looked down at his old doctor.

Segurando, firmemente, um saco de moedas ele disse,
Holding tightly to a bag of coins he spoke,

"Eu disse a você que eu valia cinquenta talentos."
"I told you that I was worth fifty talents."

César, pensei eu para comigo mesmo, tinha acabado de ser o último a rir!
Caesar, I thought to myself, had just had the last laugh!

Macresco
Macresco

Eu tinha apenas 12 anos de idade, quando eles me enviaram para trabalhar como escravo, com os guardiões de tenda, na campanha militar de Júlio César, na Gália.
I was barely twelve years old when they sent me to work as a slave with the tent keepers on Julius Caesar's military campaign in Gaul.

O nome que me foi atribuído pelos Romanos era Macresco, que em Latim significa magro.
The name given to me by the Romans was Macresco, which is Latin for skinny.

Quando eu conheci o meu mestre, o grande César, ele disse "Você é tão magro que, quando você se põe de lado, você desaparece!"
When I first met my master, the great Caesar, he said "You're so skinny when you turn sideways you disappear!"

A minha pequena moldura fina era divertida para alguns, mas eu sempre consegui fazer o meu trabalho.
My small thin frame was amusing to some, but I always managed to get the job done.

Júlio César era muito gentil comigo e valorizava o

trabalho que eu prestava.
Julius Caesar was very kind to me and valued the work I provided.

"Você é um garoto que trabalha duro para o seu tamanho", dizia ele.
"You are a hard working boy for your size", he would say.

"Quando nós colocarmos um pouco de carne em seus ossos e você tiver mais alguns anos em seu cinto, teremos um bom soldado em nossas fileiras".
"When we put some meat on your bones and you get a few more years under your belt we will have a fine soldier in our ranks."

O meu trabalho como guardião de tenda, envolvia a montagem e desmontagem da tenda de César quando ele estava no campo de batalha.
My job as a tent keeper involved putting up and taking down Caesar's tent when he was out on the battlefield.

Foi uma grande tenda, quase tão grande como a casa Romana média.
It was a large tent, almost as big as the average Roman home.

Levou, pelo menos, uma dezena de nós para fundar os postes resistentes no chão.
It took at least a dozen of us to set the sturdy poles into the ground.

Teríamos então de puxar grandes seções de couro

de cabra ou de bezerro por cima dos postes e ancorá-los ao chão, com espessas estacas de madeira.
We would then pull large sections of goat or calf hide over the tops of the poles and anchor them to the ground with thick wooden stakes.

Apesar do trabalho duro, nós ríamos com frequência e gostávamos de fazer piadas dizendo, "este trabalho é tão duro e intenso... Em tendas ... perceberam?"
Despite the hard work we often laughed and liked to crack jokes saying, "this work is so hard and intense ... in tents ... get it?"

Aparentemente, não demorou muito até que começássemos a rir.
Apparently it didn't take much to make us laugh.

Uma vez posta a tenda no lugar, nós viríamos a descarregar todos os mantimentos do jumento, a puxar carroças e a a movê-las para a tenda de César.
Once the tent was in place we would unload all the supplies from the donkey pulled carts and move them into Caesar's tent.

César tinha tudo o que precisava em sua tenda; cadeiras e mesas, bem como uma grande cama com peles grossas de carneiro, para mantê-lo quente.
Caesar had everything he needed in his tent; chairs and tables as well as a large bed with thick sheepskins to keep him warm.

Perto da enorme tenda de César, nós viríamos a montar uma tenda mais pequena, onde todos os escravos poderiam preparar as suas refeições e

atender às suas necessidades diárias.
Close by Caesar's huge tent we would set up a smaller tent where all the slaves could cook his meals and attend to his daily needs.

A tenda do nosso comandante foi sempre montada longe da batalha, para evitar a ameaça de ataque.
Our commander's tent was always erected far from the battle to avoid threat of attack.

Mas, mesmo a uma distância segura, não poderia mascarar os sons da guerra.
But even a safe distance could not mask the sounds of war.

Enquanto reparava os rasgos nas paredes da tenda, eu conseguia ouvir, facilmente, o trovão de cascos de cavalo e o barulho mortífero do metal, à medida que espada encontrava espada.
While repairing tears in the tent walls I could easily hear the thunder of horse's hooves and the deadly clanging of metal as sword met sword.

A guerra na Gália duraria mais tempo do que alguém poderia esperar.
The war in Gaul would last longer than anyone expected.

Do início ao fim, viria a estender-se ao longo de quase nove anos.
From beginning to end it would span almost nine years.

A prestação dos meus serviços a César começou

quando eu tinha doze anos e continuou até à idade adulta.
My service to Caesar began when I was twelve and continued into adulthood.

Mas os meus anos passados como guardião de tenda terminaram quando eu tinha apenas dezessete anos.
But my years spent as a tent keeper ended when I was just seventeen.

No meu décimo sétimo aniversário, foi-me concedida a minha liberdade por Júlio César, em jeito de agradecimento pelos meus anos de serviço leal.
On my seventeenth birthday I was granted my freedom by Julius Caesar with thanks for my years of loyal service.

Imediatamente, pediram-me para continuar a servir César, como homem livre, tornando-me num soldado sob o seu comando pessoal.
Right away, I was asked to continue serving Caesar as a free man ,by becoming a soldier under his personal command.

Eu aceitei a oferta, para servir no exército de César, de bom grado.
I accepted the offer to serve in Caesar's army gladly.

Como guardião de tenda, ele me havia tratado de forma justa.
As a tent keeper he had treated me fairly.

À medida que eu crescia, no trabalho, a conversa

entre os soldados sempre foi favorável, quando falavam do seu líder.
While growing up on the job the talk among soldiers was always favourable when they spoke of their leader.

César compartilhou a sua riqueza com os seus soldados e pagou-lhes prontamente.
Caesar shared his wealth with his soldiers and paid them promptly.

Os soldados de César também receberam lotes de terra, como recompensa, por ocasião da aposentadoria.
Soldiers under Caesar also were given parcels of land as rewards upon retirement.

"Porque é que eu não me iria juntar às fileiras? ", Pensei eu para comigo mesmo.
"Why wouldn't I join the ranks?", I thought to myself.

"Eu seria tolo se não fizesse isso."
"I would be foolish not to."

Nos anos que se seguiram, eu lutei ao lado de César.
In the years that followed I fought alongside Caesar.

Com cada batalha vencida, nós avançávamos ainda mais para Gália, conquistando uma tribo a seguir à outra, à medida que avançávamos para Oeste.
With every battle won we advanced further into Gaul, conquering one tribe after another as we moved west.

César ganhou a lealdade do seu soldado.

Caesar earned his soldier's loyalty.

Quando ele comandou as suas tropas, no campo de batalha, foi o próprio César que assumiu a liderança.
When he commanded his troops in battle it was Caesar himself who led the charge.

Ele era feroz na batalha; fosse em seu cavalo ou no chão, César manejava a sua espada com grande habilidade.
He was fierce in battle; whether on his horse or on the ground, Caesar handled his sword with great skill.

Ele nasceu para lutar e os seus homens lutaram, voluntariamente, ao seu lado.
He was born to fight and his men fought willingly by his side.

Nas nossas batalhas na Gália nem tudo eram vitórias.
Our battles in Gaul were not all victories.

Houve alguns contratempos.
There were some setbacks.

Justamente quando César pensava que havia conquistado Gália, uma revolta eclodiu no seu âmbito, liderada por Vercingetorix.
Just when Caesar thought he had conquered Gaul a revolt erupted from within, led by Vercingetorix.

O Grande V, como César viria a denominá-lo, provou ser um adversário digno.
The Big V, as Caesar would call him, proved to be a worthy opponent.

Esta nova pedra no sapato de César reuniu, rapidamente, as tribos Gaulesas e derrotou as tropas de César nas batalhas que se seguiram!
This new thorn in the side of Caesar quickly reunited the Gallic tribes and defeated Caesar's troops in the next few battles!

Mas César não estava pronto para desistir dos seus territórios recém-adquiridos, sem uma luta.
But Caesar wasn't ready to give up his newly acquired territories without a fight.

Na Batalha de Alesia, César e os seus homens conseguiram cercar Vercingetorix e a sua guarnição de 80.000 homens.
In the Battle of Alesia, Caesar and his men were able to encircle Vercingetorix and his garrison of 80,000 men.

A sua estratégia era simples, mas eficaz.
His strategy was simple yet effective.

Ele escavou uma série de trincheiras, completas com torres de guarda, em torno de toda a cidade.
He dug a series of trenches, complete with guard towers, around the whole town.

Incapaz de obter comida e mantimentos, o Grande V foi forçado a render-se.
Unable to get food or supplies, the Big V was forced to surrender.

Esta batalha marcou o fim da campanha de Gália e fez de César o vencedor final.

This battle marked the end of the Gaul campaign and made Caesar the final victor.

Quando César regressou a Roma, eu segui ele.
When Caesar returned to Rome I followed.

Eu tinha sido bem recompensado pela minha lealdade e estava ansioso pela minha aposentadoria da dura vida militar.
I had been rewarded nicely for my loyalty and was looking forward to my retirement the hard military life.

À medida que caminhávamos de regresso a Roma, eu fiquei chocado ao ver o lixo e a destruição diante de mim.
As we retraced our steps back to Rome, I was shocked to see the waste and destruction before me.

Eu tinha sido um participante voluntário em tudo isso e começava a sentir uma tremenda vergonha e arrependimento.
I had been a willing participant in all of this and was beginning to feel tremendous shame and regret.

À medida que nós continuávamos a nossa caminhada para casa, César dirigiu as tropas, para levar Gauleses, das províncias conquistadas, como escravos, a serem postos em leilão em Roma.
As we continued our trek home Caesar directed the troops to take Gauls from the conquered provinces as slaves, to be put up for auction in Rome.

Não eram homens só fisicamente capazes; mulheres e crianças foram levadas também.

It wasn't just able bodied men; women and children were taken too.

No momento em que chegámos a Roma, a contagem das cabeças dos escravos trazidos ascendia aos milhares.
By the time we got to Rome the head count of slaves taken, numbered in the thousands.

Era algo que eu não poderia ignorar.
It was something I couldn't ignore.

Tendo eu próprio sido escravo, de repente eu estava horrorizado ao ver um lado de César que eu nunca soube que existia.
Being a slave once myself, I was suddenly horrified to see a part of Caesar that I never knew existed.

Perguntei-me a mim mesmo, quando entrei às portas de Roma, que tipo de futuro estaria reservado para o Grande César.
I wondered to myself, as I entered the gates of Rome, what kind of future lay ahead for the Great Caesar.

Na verdade, eu pensei que tinha ganho um vislumbre por alguns senadores que não aprovava, à medida que nós tomávamos a cidade.
Indeed I thought I caught a glimpse of a few frowning senators as we headed into the city.

Será que os cidadãos Romanos, agora aplaudindo tão descontroladamente, haviam, por fim, mudado a ideia que tinham acerca do líder popular?
Would the Roman citizens, cheering so wildly now, eventually change their minds about this popular

leader?

Somente o tempo o diria...
Only time would tell…

Servília - A Outra Mulher
Servilia – The Other Woman

Havia duas coisas na vida de Júlio César que tinham grande importância para ele.
There were two things in Julius Caesar's life that held great importance to him.

A primeira era uma boa luta, que terminasse sendo ele o único vencedor, e a segunda era o amor de uma boa mulher.
The first was a good fight that ended with his truly being the only victor and the second was the love of a good woman.

Como todos os Romanos bem sabiam, César teve a sua cota parte de ambos.
As every Roman knew well, Caesar had his share of both.

As suas conquistas militares eram lendárias e ele estava, atualmente, a passar pelo seu terceiro casamento.
His military conquests were legendary and he was currently working on his third marriage.

Ainda que César nunca me tivesse tornado esposa, eu era alguém que tinha agraciado a sua vida, ao longo de dois desses três casamentos.
While Caesar never made me a wife I was someone

who had graced his life through two of these three marriages.

Na verdade, a nossa amizade especial já dura há quase vinte e cinco anos.
In fact, our special friendship had already spanned almost twenty five years.

Em jeito de agradecimento pelas coisas boas que eu proporcionei a César, foi-me dada uma grande casa em Roma, com todos os adereços que uma pessoa da minha estatura merecia e esperava.
In appreciation for the good things I offered Caesar I was given a large house in Rome with all the trappings a person of my stature deserved and expected.

"Servília, você não é apenas mais um rostinho bonito", sussurrava ele ao meu ouvido.
"Servilia, you are not just another pretty face," he would whisper in my ear.

"Você merece tudo isso e muito mais."
"You deserve all of this and much more."

Eu, é claro, concordava plenamente com tudo o que César dizia.
I, of course, agreed wholeheartedly with everything Caesar said.

Era, definitivamente, verdade.
It was definitely true.

Eu era mais do que apenas um rostinho bonito; Eu era inteligente.
I was more than just a pretty face; I was smart.

César sabia disso e eu sabia disso!
Caesar knew it and I knew it!

Sempre que eu estava na companhia de César, eu namorava com ele como uma colegial.
Whenever I was in the company of Caesar I would flirt with him like a schoolgirl.

E César sempre respondeu como um jovem garoto apaixonado.
And Caesar would always respond like a young lovesick boy.

Tanto era assim que, de facto, regressado da sua campanha militar na Gália, ele me trouxe uma linda pérola negra, como presente.
So much, in fact, that after returning from his military campaign in Gaul he brought me a beautiful black pearl as a gift.

Ele pensou em mim, mesmo no calor da batalha.
He thought of me even in the heat of battle.

Sua mulher, Calpúrnia, pode ter recebido um beijo cerimonioso na bochecha, mas eu recebi pedras preciosas!
His wife, Calpurnia, might have received a ceremonious peck on the cheek but I got precious stones!

Nos primeiros anos da minha amizade com César, ele estava fora a maior parte do tempo, liderando os seus exércitos contra os inimigos de Roma.
In the early years of my friendship with Caesar he was away most of the time leading his armies against the enemies of Rome.

Quando ele foi embora, eu fiquei com o trabalho de criar o meu único filho.
While he was gone I was left with the job of raising my only son.

O pai de Brutus tinha sido morto há anos atrás.
Brutus's father had been killed years ago.

No momento em que César regressou, definitivamente, a Roma, Brutus se tinha tornado num homem bonito.
By the time Caesar made his final return to Rome, Brutus had grown into a handsome man.

Ele se tinha tornado num estadista e, logo de seguida, num membro do senado Romano.
He had become a statesman and soon after that, a member of the Roman senate.

Eu fiquei satisfeita com o seu sucesso e pensei que César também se impressionaria com ele.
I was pleased with his success and I thought Caesar would be impressed with him as well.

Como se viu, eu não poderia estar mais errada.
As it turned out, I couldn't have been more wrong.

Quando César regressou, triunfante, dos anos de guerra, o seu gosto pelo poder continuou nas arenas políticas de Roma.
When Caesar returned triumphantly from years of war his taste for power continued in the political arenas of Rome.

Por respeito e medo, o Senado Romano denominou César como "ditador em perpetuidade".
Out of respect and fear, the Roman Senate named Caesar "dictator in perpetuity".

Isto significava que Júlio César permaneceria no poder até ao fim dos seus dias.
This meant that Julius Caesar would remain in power for as long as he lived.

A ideia de César estar no poder por tanto tempo nunca me incomodou muito.
The idea of Caesar being in power that long never bothered me much.

Afinal de contas, ele era o cocheiro estrela e eu era seu adepto adorado.
After all he was the star charioteer and I was his adoring cheerleader.

Após tantos anos, nós ainda éramos um jogo feito no céu.
After so many years, we were still a match made in heaven.

Mas agora, era falado entre os membros do Senado que a nova posição de César ameaçaria as suas

posições, bem como o próprio Senado.
But now there was talk among members of the Senate that Caesar's new position would threaten their position as well as the Senate itself.

Eu sabia de toda essa conversa porque o meu filho Brutus era um senador Romano e o meu meio-irmão, Cato, era também um membro eleito do Senado.
I knew of all this talk because my son Brutus was a Roman senator and my half-brother, Cato, was an elected Senate member as well.

Nalgumas noites, na mesa da sala de jantar, quando os membros da família se reuniam, tudo o que eu conseguia ouvir eram observações, em tom elevado e desagradáveis, sobre o meu César.
Some nights at the dining room table, when family members gathered, all I could hear would be loud and nasty remarks about my Caesar.

Eu fiquei em silêncio durante a maior parte destas discussões.
I remained silent during most of these discussions.

A minha família não tinha conhecimento do meu relacionamento com César e eu não estava disposta a deixar o gato sair do saco agora.
My family was not aware of my relationship with Caesar and I wasn't about to let the cat out of the bag now.

Numa noite, enquanto eu estava a ler tranquilamente noutra sala da minha casa, eu ouvi o meu filho Brutus na sala grande, a entreter o que parecia ser um

grande número de outros homens.
One night, while I was quietly reading in another room of my house, I heard my son Brutus in the great room entertaining what sounded like a large number of other men.

Eu reconheci a voz de Cato e de alguns dos outros, mas muitos deles eram estranhos para mim.
I recognised Cato's voice and a few of the others, but many were strangers to me.

A dada altura, eu ouvi Brutus gritando:
At one point, I heard Brutus shouting:

"E se ele suprime o Senado e todos aqueles que fazem parte dele? O que será de nós e o que é que isso significará para as pessoas livres de Roma?"
"And what if he abolishes the Senate and everyone in it? What will become of us and what will this mean to the free people of Rome?"

As observações de Brutus foram seguidas por outras e eu ouvia, sem fôlego, à medida que a multidão de homens se transformava numa multidão altiva e sedenta de sangue.
Brutus' remarks were followed by others and I listened breathlessly as the crowd of men turned into a loud, blood thirsty mob.

O seu humor era negro e eu, de repente, estava com receio, não apenas por César, mas por mim também.
Their mood was dark and I was suddenly afraid, not just for Caesar but for myself as well.

O que é que eu devo fazer?
What should I do?

A questão continuou a atormentar-me ao longo dos meses seguintes.
The question continued to plague me over the next few months.

Devo trair a minha família e falar com César sobre o que eu estava a ouvir ou manter a minha boca fechada e permanecer em silêncio?
Should I betray my family and speak to Caesar about what I was hearing or keep my mouth shut and remain silent?

Foi uma decisão difícil e que César não estava a facilitar.
It was a tough decision and one that Caesar wasn't making any easier.

Ele tinha-se tornado cada vez mais aborrecido.
He had become increasingly annoying.

Eu tinha enviado alguns convites para ele, recentemente, e ele tinha-os recusado a todos.
I had sent a few invites his way recently and he had turned them all down.

Foi só depois de ouvir alguns dos meus escravos falando na cozinha, nessa manhã, que eu finalmente entendi.
It was only after hearing some of my slaves chattering in the kitchen this morning that I finally understood.

César me estava ignorando, porque as suas atenções estavam viradas para qualquer outro lugar.
Caesar was ignoring me because his attentions were going elsewhere.

Parecia que César se estava acolhendo junto daquela pulga horrível da areia, Cleópatra.
It appeared Caesar was cozying up to that awful sand flea, Cleopatra.

Havia rumores de que ele estava mesmo levando ela para Roma, instalando ela em seu próprio apartamento.
Rumour had it he was even bringing her to Rome and setting her up with her own apartment.

Como poderia eu ter sido tão cega!
How could I have been so blind!

As coisas não parecem estar bem, de todo.
Things didn't look good at all.

Os Últimos Dias de César
The Last Days of Caesar

Como serva favorita de César, eu passei a maioria das noites acordada a responder às suas chamadas.
As Caesar's favourite servant I spent most nights awake answering his calls.

Esse dia não foi diferente.
This day was no different.

Dos meus aposentos, eu conseguia ouvir o sino a chamar-me para o seu quarto.
From my chambers I could hear the bell beckoning me to his bedroom.

Quando entrei no quarto, eu conseguia ver a sua esposa Calpúrnia a puxar uma capa quente sobre as suas roupas de dormir.
When I entered the room I could see his wife Calpurnia pulling a warm cape over her nightclothes.

"Ele diz que tem uma dor de cabeça", latiu ela furiosamente.
"He says he has a headache," she barked angrily.

"Eu vou buscar outra cama para dormir."
"I will find another bed to sleep in."

Ela foi violenta comigo enquanto eu estava junto da

porta aberta, aguardando as suas ordens.
She stormed by me as I stood at the open door awaiting his command.

"Ó, a minha querida Césaris trouxe-me algo para o trovão que está a minha cabeça ", gemeu César.
"Oh, my dear Caesaris bring me something for the thunder in my head," moaned Caesar.

"Eu preciso de algo, rapidamente, antes que eu perca todo o controlo."
"I need something quickly before I lose all control."

Eu, imediatamente, corri até a cozinha, onde preparei um chá quente, de ervas especiais.
I immediately scurried down to the kitchen where I made a warm tea from special herbs.

Tinha sido um mês de provação para o meu mestre.
It had been a trying month for my master.

Se não era uma coisa, era outra.
If it wasn't one thing, it was another.

Ele tinha acabado de regressar a casa, de um curto fim-de-semana fora, esmagando mais uma rebelião, numa província vizinha.
He had just returned home from a short weekend away, squashing yet another rebellion in a neighbouring province.

Ele parecia cansado.
He looked tired.

Como se lutar contra os rebeldes já não bastasse, houve uma batalha ou duas na frente civil que estava tornando o inverno de 44 BC mais frio do que o habitual.
As if fighting the rebels wasn't already enough, there was a battle or two on the home-front that was making the winter of 44 BC colder than usual.

As coisas entre César e a sua Calpúrnia estavam indo ladeira abaixo.
Things between Caesar and his Calpurnia were going downhill.

Falou-se sobre uma outra namorada e Calpúrnia, claramente, não estava a gostar.
There was talk about another girlfriend and Calpurnia was clearly not amused.

O clima no trabalho também aqueceu.
The climate at work was heated as well.

Muitos dos membros do Senado de Roma estavam, claramente, descontentes com a liderança de César.
Many of Rome's Senate members were clearly unhappy with Caesar's leadership.

Eles tinham concedido a ele o poder exclusivo de governar, mas de repente os senadores estavam questionando a sua própria decisão.
They had given him the sole power to rule but suddenly the Senators were questioning their own decision.

Eles estavam agora preocupados que César pudesse

abolir o Senado, deixando eles sem emprego.
They were now worried that Caesar might abolish the Senate, leaving them without jobs.

Eu tinha trabalhado na casa de César desde que me lembrava.
I had worked in the house of Caesar for as long as I could remember.

Como serva na casa de César, foi-me atribuído o nome de Césaris, como de costume.
Because I was a servant in the house of Caesar, I had been given the name Caesaris, as was the custom.

Um dos servos mais velhos que limpavam o balneário disse que eu tinha sido trazida de regresso a Roma, após a campanha de Gália.
One of the older servants who cleaned the bathhouse said I had been brought back to Rome after the Gaul campaign.

Eu não fazia ideia de quem eram os meus pais ou sequer se ainda eram vivos.
I had no idea who my parents were or whether they were even still alive.

Eu tinha sido encontrada por um dos soldados de César, abandonada e escondida na floresta.
I had been found by one of Caesar's soldiers, abandoned and hiding in the forest.

Graças a César, eu fui salva de uma morte rápida.
By the grace of Caesar I had been saved from a quick

death.

Eu ainda fui tratada pela maioria como serva, mas eu sabia que César tinha encontrado um lugar especial em seu grande coração para mim.
I was still treated by most as a servant but I knew that Caesar found a special place in his big heart for me.

Eu guardava os meus sentimentos para mim mesma quando estava na companhia dos outros servos da casa, mas quando eu estava sozinha com César; eu só sentia amor e gratidão.
I kept my feelings to myself when I was in the company of the other house servants, but when I was alone with Caesar; I felt only love and gratitude.

Aquilo era o mais próximo que eu alguma vez teria de um pai na minha vida.
This was the closest I would ever come to having a father in my life.

César estava sentado no sofá quando eu voltei com o chá.
Caesar was sitting on the sofa when I returned with his tea.

Ele bebeu devagar e depois disse.
He drank it slowly and then spoke.

"Minha Césaris, você tornou-se numa jovem mulher. Desejo, simplesmente, o melhor para si no futuro. Eu não vou ver você novamente abandonada. "
"My Caesaris, you have grown into a lovely young woman. I wish only the best for you in the days

ahead. I will not see you abandoned again."

As palavras de César pesavam sobre mim, à medida que eu saia, calmamente, da sala.
Caesar's words weighed heavily on me as I quietly exited the room.

O meu César parecia estar a preparar-se para o pior dos tempos.
My Caesar almost sounded like he was preparing himself for the worst of times.

Eu sabia que César estava a passar por um mau momento, mas certamente que os seus inimigos veriam o erro dos seus caminhos... Ou assim esperava eu.
I knew Caesar was having a bad time of late, but surely his enemies would see the error of their ways ... or so I hoped.

Afinal de contas, César tinha sido bom para os Romanos.
After all, Caesar had been good for Romans.

Com milhares de compatriotas por detrás dele, ele tinha ganho novos territórios, bem para além das fronteiras de Roma.
With thousands of his countrymen behind him, he had won new territories well beyond the existing borders of Rome.

Com essas conquistas advieram grandes riquezas.
With these conquests came great riches.

Era uma questão de registro escrito que César havia conquistado, pelo menos, oitocentas cidades!
It was a matter of written record that Caesar had conquered at least eight hundred cities!

Ele foi um grande comandante militar e um estadista ainda melhor.
He was a great military commander and an even better statesman.

Ele criou uma força policial para proteger o seu povo, aboliu os impostos excessivos e publicou uma lei que proibia a extorsão.
He created a police force to protect his people, abolished unreasonable taxes and made a law forbidding extortion.

Ele até lançou o primeiro jornal de Roma, o Acta Diurna, que narrava a atividade dos líderes do governo, na Assembleia e no Senado.
He even produced Rome's first newspaper, the Acta Diurna, which chronicled the activities of government leaders in the Assembly and the Senate.

Além disso, ele criou o calendário Juliano que substituiu, com sucesso, o calendário Romano.
In addition, he created the Julian calendar which successfully replaced the Roman calendar.

Nada mau, de todo, pensei eu.
Not too shabby at all, I thought.

Várias semanas mais tarde, tudo mudou.
Several weeks later everything changed.

Naquela manhã fatídica, eu ouvi Calpúrnia chorando dentro de seu quarto.
That fateful morning I heard Calpurnia crying inside her bedroom chamber.

Ela estava implorando a César para que não fosse trabalhar.
She was begging Caesar not to go to work.

Calpúrnia estava invocando um sonho que a tinha avisado que um acontecimento trágico estaria prestes a ocorrer.
Calpurnia was claiming a dream had warned her that a tragic event was about to occur.

César riu do alerta e avançou para o Senado, para aquele que, achava ele, seria um dia normal de trabalho.
Caesar laughed the warning off and proceeded to the Senate for what he thought would be a normal day of business.

A meio da tarde, a casa de César estava silenciosa.
y mid-afternoon, the house of Caesar was dead quiet.

Um mensageiro tinha chegado, algumas horas antes, para informar Calpúrnia, acerca do assassinato de César.
A messenger had arrived a few hours earlier to inform Calpurnia of the assassination of Caesar.

César tinha chegado ao Senado, naquela manhã, para encontrar uma multidão de senadores furiosos à sua espera, com a ideia de assassinato em suas

mentes.
Caesar had arrived at the Senate that morning to find a mob of angry senators waiting with murder on their minds.

De acordo com relatos que se ouviram, mais tarde, naquele dia, existiam quase sessenta atacantes no grupo.
According to reports that trickled in later that day, there were almost sixty attackers in the group.

César havia sido esfaqueado vinte e três vezes!
Caesar had been stabbed twenty three times!

Quando eu ouvi a notícia, eu colapsei em meu quarto, chorando.
When I heard the news I collapsed in my room, sobbing.

César tinha morrido. Calpúrnia me havia tratado suficientemente bem, mas sempre houve uma distância entre nós.
Caesar was gone. Calpurnia treated me nicely enough but there was always a distance between us.

César era diferente.
Caesar was different.

Ele me havia tratado com bondade, apenas.
He had treated me only with kindness.

No mês do assassinato, eu ouvi mais notícias, desta vez acerca da última vontade e do testamento de César, que me deixaram chocado e muito feliz.

Within a month of the assassination I heard more news, this time from Caesar's last will and testament, that left me shocked and overjoyed.

César havia deixado instruções, em seu testamento, para que eu fosse libertado após a sua morte.
Caesar had left instructions in his will that I be freed upon his death.

Como era costume Romano, ele era obrigado a fornecer uma casa e um meio de sustento a um escravo liberto e essa promessa foi cumprida em relação a mim.
As was the Roman custom, he was obliged to provide a freed slave with a house and a means of support and this promise to me was kept.

Agora, muitos anos mais tarde, eu ainda penso em César, pelo menos, uma vez por dia.
Now, many years later, I still think of Caesar at least once every day.

Sei que César tinha uma filha real, chamada Júlia.
I know Caesar had a real daughter of his own named Julia.

Embora eu nunca possa afirmar ser sua descendente legal, agradeço diariamente aos deuses por ter me oferecido um homem que era como um pai; meu benfeitor e campeão, o grande Júlio César.
While I could never claim to be his legal offspring, I thank the Gods daily for providing me with a man who was like a father; my benefactor and champion, the great Julius Caesar.

PORTUGUESE

O Jovem Júlio César

O meu rosto sorridente tinha um jeito engraçado de abrir portas para mim. Todas as mães dos meus amigos achavam que eu era, simplesmente, o jovem garoto mais engraçado e as minhas boas maneiras nem sequer magoavam. Quando eu bati na grande porta de madeira da casa do meu companheiro Júlio César, a sua mãe Aurelia Cotta levou-me para dentro da casa.

"Bem-vindo Flávio ", exclamou ela com um sorriso. "Júlio é tão abençoado por ter um amigo como você."

Eu aceitei, graciosamente, as suas amáveis palavras com um aceno de cabeça (e um grande sorriso, é claro), em seguida, dirigi-me ao pátio, onde eu sabia que Júlio estaria jogando.

A casa de Júlio era muito grande como as casas Romanas. Não era, de forma alguma, a maior de Roma, mas mesmo assim impressionante. O pai de Júlio era Gaio Júlio César. Ele era um magistrado bem conhecido e ex-governador da Ásia. Aurelia Cotta também era de uma das melhores famílias de Roma e, portanto, a família de César não era pobre. A casa deles estava localizada numa grande colina, com vista para a cidade abaixo.

Quando eu encontrei Júlio, ele estava se divertindo com um jogo da bugalha. O jogo é jogado usando as pequenas bugalhas de ovelhas ou cabras. O objetivo do jogo é lançar um punhado de bugalhas ao ar e fazer com que o maior número possível caia na parte de trás da sua mão. Quantos mais nós dos dedos você usar, mais difícil será. Como pode imaginar, não foi um jogo fácil de jogar, mas Júlio parecia estar gostando do desafio.

"Ó Flávio ", gritou Júlio. "Estou muito contente por ver você. Eu estava começando a ficar louco por não ter ninguém com quem brincar. Bem, ninguém a não ser a minha irmã Júlia e o pensamento de brincar com bonecas de novo era, simplesmente, demais para eu suportar."

"Agora podemos jogar um jogo de guerra. Você, Flávio, pode ser o inimigo de Roma e eu serei o Grande César. O melhor soldado que Roma já conheceu! "

Eu estava prestes a reclamar sobre ser sempre o inimigo, quando Júlio me lançou uma espada de madeira da sua caixa de brinquedos; a alça da lâmina aterrou a centímetros dos meus pés. À medida que segunda passava, Júlio já tinha retirado a sua própria espada da caixa e estava cobrando-me como um touro enfurecido.

Eu era um garoto grande para os dez anos que tinha e Júlio era muito mais pequeno, mas eu sabia que, se eu não agisse rapidamente, o Grande César estaria nas minhas costas pedindo misericórdia. Inclinei-me rapidamente para pegar minha espada e desviei o primeiro golpe de César, com a extremidade da minha lâmina. A nossa grande batalha durou, pelo menos, cinco minutos, com espadas a baterem umas nas outras, até que eu finalmente recuei. No final, como esperado, o grande César saiu vitorioso.

"Existe alguma coisa para comer", perguntei eu, esfregando o meu estômago esfomeado.

"Eu acho que o Grande César pode encontrar um naco ou dois para o derrotado, disse Júlio sorrindo. E que tal uma tigela de figos e mel?"

Segui César desde o pátio até às traseiras da casa onde a Culina ou cozinha estava localizada. Na cozinha de César apenas os escravos preparavam as refeições, mas hoje a pequena sala estava vazia.

"Eles devem estar no jardim colhendo ervas para a refeição de hoje à noite", disse Júlio. "Parece que vamos ter que ajudar-nos a nós mesmos."

Enquanto nós os dois estávamos ocupados à procura da panela doce do mel na despensa, uma gargalhada familiar chamou a nossa atenção. Atrás de nós, acabada de entrar no quarto, estava a irmã de Júlio, Júlia, e a sua boa amiga Cornélia.

"Ó Deus, é apenas a minha irmã feia", reclamou César.

"Como você se atreve a dirigir-se a mim de tal forma", Júlia respondeu.

Antes que Júlio pudesse falar novamente, uma colher grande de madeira veio voando pelo ar, atingindo-o diretamente em seu traseiro.

"No alvo," gritou Júlia.

César, por sua vez, começou a perseguir as meninas à volta da cozinha, incentivando a que eu me juntasse à batalha. Enquanto eu seguia Júlio, como um bom soldado, reparei que ele estava gastando toda a sua energia tentando apanhar Cornélia e não Júlia. Quando ele, finalmente, alcançou-a e levou-a pelo braço, a jovem Cornélia opôs-se.

"Não é a mim que queres, Júlio."

"Não é verdade", disse César, enquanto todos começaram com risinhos e gargalhadas. Cornélia também estava a começar a corar. Com isso, as duas meninas correram para dentro da casa, deixando-nos a ambos com o nosso mel.

"Outra batalha ganha", comentei eu com César à medida que nós comíamos.

"Quase ganhou", respondeu ele. "Mas, um dia, eu vou casar com essa garota."

Eu acreditei nele, sem duvidar. Meu amigo Júlio não era apenas mais um garoto comum. Havia algo nele que era diferente. O tempo contaria o conto.

Quando Júlio tinha apenas quinze anos de idade, o seu pai morreu e logo todo o seu mundo começou a mudar. Nós tínhamos sido próximos até então, mas após a morte do seu pai, nós fomo-nos distanciando aos poucos. Eu estava ocupado, a trabalhar na plantação da minha família, ajudando a tratar das vinhas, e Júlio estava a começar uma nova carreira no exército.

As suas façanhas como soldado e depois como

comandante eram o assunto da cidade. Apesar de sua tenra idade, Júlio rapidamente se tornou num grande soldado e, mais importante, num grande líder.

Houve um rumor, naqueles primeiros dias, de que ele estava para se casar, mas, por razões desconhecidas para a maioria, o casamento nunca aconteceu. No entanto, o motivo era bastante claro para mim. Ela, simplesmente, não era o seu verdadeiro amor.

Vários anos depois, com a idade de dezoito anos, Júlio César finalmente se casou. A noiva era a mesma garota que ele tinha perseguido há muito tempo na cozinha do seu pai; Cornélia!

Sequestrado

O jovem Júlio César estava na proa do navio de grãos Romano e olhou para o mar à sua frente. O menino do qual eu havia cuidado, há anos atrás, havia crescido, rapidamente, transformando-se num homem muito bonito.

Como seu médico pessoal, eu conhecia muito bem o homem capaz no qual Júlio se tinha tornado. Mas a sua mãe, um pouco preocupada, tinha a ideia de que César não poderia atar os atacadores das suas sandálias, sem uma legião de ajudantes ao seu lado! Fui contratado para cuidar das crianças.

A névoa pesada que surgiu desde cedo, naquela manhã, estava a começar a dissipar. Juntei-me a Júlio no convés e ambos assistimos, em silêncio, ao surgir do sol por entre as nuvens. Ele ia a caminho da ilha de Rhodes para estudar filosofia e eu tinha sido enviado, pela sua mãe, para ir com ele nessa jornada. Essa viagem para Rhodes seria curta, mas seria um retiro bem-vindo, relativamente às demandas diárias, de uma Roma movimentada, para nós os dois.

Júlio tinha acabado de se estabelecer num pequeno barril de rações e estava a começar a ler um livro que ele tinha retirado de debaixo do seu manto e foi aí que a ação começou. Eu estava prestes a deixá-lo dedicado aos seus estudos, quando uma batida forte e perturbadora sacudiu o navio. Não fosse pela força e velocidade de Júlio, esse velho médico podia ter sido atirado para a direita, sobre o lado do navio e no mar. Eu murmurei um rápido agradecimento à medida que ele se amparava a meus pés.

Em seguida, ambos nos viramos para ver o que tinha causado aquele barulho tão alto e vimos um navio mais pequeno, ostentando uma bandeira estrangeira, abraçando o lado leste da popa. Apanhados de surpresa, de repente estávamos na companhia indesejada de piratas empunhando espadas!

Um amigo, que também estava acompanhando Júlio nessa viagem, cambaleou para o convés do casco abaixo. Seu nome era Caro e ele possuía uma plantação não muito longe da cidade de Roma. Nós os três ficámos congelados, em silêncio, enquanto o bando de piratas Cilícios embarcaram no navio de grãos.

Nós soubemos, imediatamente, que os piratas não estavam interessados no grão valioso que estava no casco do navio. Em vez de trigo, esses piratas direcionavam o seu interesse para o próprio César e para o resgate considerável que eles poderiam obter com a sua libertação.

Júlio era um homem bravo e corajoso, mas ele entendeu que ele estava em desvantagem perante os invasores. Os piratas Cilícios tinham sido uma pedra no sapato de Roma, durante anos até agora. No entanto, eles foram um problema que os exércitos Romanos muitas vezes ignoravam porque eles trouxeram os escravos da nobreza Romana e o trabalho livre. Mas agora, com uma espada afiada apontada, perigosamente, perto da garganta de

César, o hábito de ignorar os piratas parecia ser uma má prática.

O pirata, que era claramente o líder, por fim, aproximou-se de Júlio. Ele tinha um sorriso malicioso no rosto. Eu sabia que ele era o líder apenas porque falava mais e carregava uma barriga maior do que o resto. Ele era um homem que, claramente, gostava mais de dar ordens do que de cumpri-las.

"Meu querido Júlio César, finalmente nos conhecemos. Estou triste por não ser nas melhores circunstâncias, mas os homens de comércio, como eu, precisam de atacar quando surge a oportunidade."

"Claro", respondeu César. "Mas eu estou surpreso, tendo em conta a sua elevada estatura, que você não tenha fundado esse navio e tudo o que está dentro dele, quando embarcou hoje."

O líder dos piratas começou a rir.

"César, eu sabia que você seria precioso para mim, mas eu nunca imaginei que você fosse divertido. Não só vamos ganhar uma avultada quantia de vinte talentos pelo seu regresso, mas também vamos desfrutar de uma piada ou duas."

"Vinte talentos, gritou César, irritado. Quem você pensa que está sequestrando, afinal? Eu valho duas vezes mais. Garantir-lhe-ei cinquenta talentos pela minha libertação!"

Os piratas que estavam sempre à procura de um bom negócio, aceitaram a oferta de César de imediato e sem argumento. Os piratas levaram então César e a mim para fora do navio de grãos e para dentro do navio pirata. Caro foi deixado para trás. O seu trabalho era viajar até à cidade mais próxima e levantar o resgate.

Ao longo dos trinta e oito dias seguintes, Júlio e eu fomos mantidos em cativeiro, no navio do pirata. Como o passar dos dias, eu fiquei surpreso ao ver o quão rápido César travou amizade com seus sequestradores. Ele passaria todo o seu tempo contando piadas e fazendo-os rir. Ele leu poesia e recitou discursos para eles. Se alguém criticasse o seu desempenho, ele responderia, chamando eles de selvagens e ameaçando pendurar todos eles como punição. Os piratas, por outro lado, viram a língua de César com diversão, julgando ele mais simples do que sábio.

Decorridos trinta e oito dias, Caro voltou, o resgate foi pago e foi-nos restituída a nossa liberdade. Para minha surpresa, em vez de continuar a sua viagem a Rhodes, César seguiu para Mileto, onde contratou navios e homens, para perseguir os piratas.

Enquanto isso, de volta ao navio pirata, o pirata gordo e a sua tripulação já tinham esquecido o jovem César. Eles estavam ocupados comemorando a sua vitória, quando, de repente, uma batida forte e perturbadora sacudiu o navio. O pirata gordo e o seu saco com o dinheiro do resgate saíram voando pelo ar, batendo num muro e caindo ao chão.

Quando ele correu até ao convés, para ver a razão de toda a comoção, ele ficou horrorizado ao ver que um grande navio de guerra Romano tinha abalroado a lateral da sua embarcação. As mesas tinham virado de repente! De pé, diante dele, estava César, raivoso, acenando com a espada no ar, com uma centena de soldados Romanos por detrás dele. Travou-se uma breve batalha e todos os piratas foram capturados.

César tinha sido um homem de palavra. Como prometido, todos e cada um dos piratas foram condenados à morte. César, por outro lado, escapou da batalha com não mais do que um arranhão. Enquanto eu estava fazendo o curativo da sua pequena ferida, César olhou para o velho médico. Segurando, firmemente, um saco de moedas ele disse,

"Eu disse a você que eu valia cinquenta talentos."

César, pensei eu para comigo mesmo, tinha acabado de ser o último a rir!

Macresco

Eu tinha apenas 12 anos de idade, quando eles me enviaram para trabalhar como escravo, com os guardiões de tenda, na campanha militar de Júlio César, na Gália. O nome que me foi atribuído pelos Romanos era Macresco, que em Latim significa magro. Quando eu conheci o meu mestre, o grande César, ele disse "Você é tão magro que, quando você se põe de lado, você desaparece!" A minha pequena moldura fina era divertida para alguns, mas eu sempre consegui fazer o meu trabalho.

Júlio César era muito gentil comigo e valorizava o trabalho que eu prestava. "Você é um garoto que trabalha duro para o seu tamanho", dizia ele. "Quando nós colocarmos um pouco de carne em seus ossos e você tiver mais alguns anos em seu cinto, teremos um bom soldado em nossas fileiras".

O meu trabalho como guardião de tenda, envolvia a montagem e desmontagem da tenda de César quando ele estava no campo de batalha. Foi uma grande tenda, quase tão grande como a casa Romana média. Levou, pelo menos, uma dezena de nós para fundar os postes resistentes no chão.

Teríamos então de puxar grandes seções de couro de cabra ou de bezerro por cima dos postes e ancorá-los ao chão, com espessas estacas de madeira. Apesar do trabalho duro, nós ríamos com frequência e gostávamos de fazer piadas dizendo, "este trabalho é tão duro e intenso... Em tendas ... perceberam?" Aparentemente, não demorou muito até que começássemos a rir.

Uma vez posta a tenda no lugar, nós viríamos a descarregar todos os mantimentos do jumento, a puxar carroças e a a movê-las para a tenda de César. César tinha tudo o que precisava em sua tenda; cadeiras e mesas, bem como uma grande cama com peles grossas de carneiro, para mantê-lo quente. Perto da enorme tenda de César, nós viríamos a montar uma tenda mais pequena, onde todos os escravos poderiam preparar as suas refeições e atender às suas necessidades diárias.

A tenda do nosso comandante foi sempre montada longe da batalha, para evitar a ameaça de ataque. Mas, mesmo a uma distância segura, não poderia mascarar os sons da guerra. Enquanto reparava os rasgos nas paredes da tenda, eu conseguia ouvir, facilmente, o trovão de cascos de cavalo e o barulho mortífero do metal, à medida que espada encontrava espada.

A guerra na Gália duraria mais tempo do que alguém poderia esperar. Do início ao fim, viria a estender-se ao longo de quase nove anos. A prestação dos meus serviços a César começou quando eu tinha doze anos e continuou até à idade adulta. Mas os meus anos passados como guardião de tenda terminaram quando eu tinha apenas dezessete anos.

No meu décimo sétimo aniversário, foi-me concedida a minha liberdade por Júlio César, em jeito de agradecimento pelos meus anos de serviço leal. Imediatamente, pediram-me para continuar a servir

César, como homem livre, tornando-me num soldado sob o seu comando pessoal.

Eu aceitei a oferta, para servir no exército de César, de bom grado. Como guardião de tenda, ele me havia tratado de forma justa. À medida que eu crescia, no trabalho, a conversa entre os soldados sempre foi favorável, quando falavam do seu líder. César compartilhou a sua riqueza com os seus soldados e pagou-lhes prontamente. Os soldados de César também receberam lotes de terra, como recompensa, por ocasião da aposentadoria.

"Porque é que eu não me iria juntar às fileiras? ", Pensei eu para comigo mesmo. "Eu seria tolo se não fizesse isso."

Nos anos que se seguiram, eu lutei ao lado de César. Com cada batalha vencida, nós avançávamos ainda mais para Gália, conquistando uma tribo a seguir à outra, à medida que avançávamos para Oeste. César ganhou a lealdade do seu soldado. Quando ele comandou as suas tropas, no campo de batalha, foi o próprio César que assumiu a liderança. Ele era feroz na batalha; fosse em seu cavalo ou no chão, César manejava a sua espada com grande habilidade. Ele nasceu para lutar e os seus homens lutaram, voluntariamente, ao seu lado.

Nas nossas batalhas na Gália nem tudo eram vitórias. Houve alguns contratempos. Justamente quando César pensava que havia conquistado Gália, uma revolta eclodiu no seu âmbito, liderada por Vercingetorix. O Grande V, como César viria a denominá-lo, provou ser um adversário digno. Esta nova pedra no sapato de César reuniu, rapidamente, as tribos Gaulesas e derrotou as tropas de César nas batalhas que se seguiram!

Mas César não estava pronto para desistir dos seus territórios recém-adquiridos, sem uma luta. Na Batalha de Alesia, César e os seus homens conseguiram cercar Vercingetorix e a sua guarnição de 80.000 homens. A sua estratégia era simples, mas eficaz. Ele escavou uma série de trincheiras, completas com torres de guarda, em torno de toda a cidade. Incapaz de obter comida e mantimentos, o Grande V foi forçado a render-se. Esta batalha marcou o fim da campanha de Gália e fez de César o vencedor final.

Quando César regressou a Roma, eu segui ele. Eu tinha sido bem recompensado pela minha lealdade e estava ansioso pela minha aposentadoria da dura vida militar. À medida que caminhávamos de regresso a Roma, eu fiquei chocado ao ver o lixo e a destruição diante de mim. Eu tinha sido um participante voluntário em tudo isso e começava a sentir uma tremenda vergonha e arrependimento.

À medida que nós continuávamos a nossa caminhada para casa, César dirigiu as tropas, para levar Gauleses, das províncias conquistadas, como escravos, a serem postos em leilão em Roma. Não eram homens só fisicamente capazes; mulheres e crianças foram levadas também. No momento em que chegámos a Roma, a contagem das cabeças dos escravos trazidos ascendia aos milhares.

Era algo que eu não poderia ignorar. Tendo eu próprio sido escravo, de repente eu estava horrorizado ao ver um lado de César que eu nunca soube que existia. Perguntei-me a mim mesmo, quando entrei às portas de Roma, que tipo de futuro estaria reservado para o Grande César. Na verdade, eu pensei que tinha ganho um vislumbre por alguns senadores que não aprovava, à medida que nós tomávamos a cidade. Será que os cidadãos Romanos, agora aplaudindo tão descontroladamente, haviam, por fim, mudado a ideia que tinham acerca do líder popular? Somente o tempo o diria...

Servília - A Outra Mulher

Havia duas coisas na vida de Júlio César que tinham grande importância para ele. A primeira era uma boa luta, que terminasse sendo ele o único vencedor, e a segunda era o amor de uma boa mulher.

Como todos os Romanos bem sabiam, César teve a sua cota parte de ambos. As suas conquistas militares eram lendárias e ele estava, atualmente, a passar pelo seu terceiro casamento. Ainda que César nunca me tivesse tornado esposa, eu era alguém que tinha agraciado a sua vida, ao longo de dois desses três casamentos. Na verdade, a nossa amizade especial já dura há quase vinte e cinco anos.

Em jeito de agradecimento pelas coisas boas que eu proporcionei a César, foi-me dada uma grande casa em Roma, com todos os adereços que uma pessoa da minha estatura merecia e esperava.

"Servília, você não é apenas mais um rostinho bonito", sussurrava ele ao meu ouvido. "Você merece tudo isso e muito mais."

Eu, é claro, concordava plenamente com tudo o que César dizia. Era, definitivamente, verdade. Eu era mais do que apenas um rostinho bonito; Eu era inteligente. César sabia disso e eu sabia disso!

Sempre que eu estava na companhia de César, eu namorava com ele como uma colegial. E César sempre respondeu como um jovem garoto apaixonado. Tanto era assim que, de facto, regressado da sua campanha militar na Gália, ele me trouxe uma linda pérola negra, como presente. Ele pensou em mim, mesmo no calor da batalha. Sua mulher, Calpúrnia, pode ter recebido um beijo cerimonioso na bochecha, mas eu recebi pedras preciosas!

Nos primeiros anos da minha amizade com César, ele estava fora a maior parte do tempo, liderando os seus exércitos contra os inimigos de Roma. Quando ele foi embora, eu fiquei com o trabalho de criar o meu único filho. O pai de Brutus tinha sido morto há anos atrás.

No momento em que César regressou, definitivamente, a Roma, Brutus se tinha tornado num homem bonito. Ele se tinha tornado num estadista e, logo de seguida, num membro do senado Romano. Eu fiquei satisfeita com o seu sucesso e pensei que César também se impressionaria com ele. Como se viu, eu não poderia estar mais errada.

Quando César regressou, triunfante, dos anos de guerra, o seu gosto pelo poder continuou nas arenas políticas de Roma. Por respeito e medo, o Senado Romano denominou César como "ditador em perpetuidade".

Isto significava que Júlio César permaneceria no poder até ao fim dos seus dias. A ideia de César estar no poder por tanto tempo nunca me incomodou muito. Afinal de contas, ele era o cocheiro estrela e eu era seu adepto adorado. Após tantos anos, nós ainda éramos um jogo feito no céu.

Mas agora, era falado entre os membros do Senado que a nova posição de César ameaçaria as suas posições, bem como o próprio Senado. Eu sabia de toda essa conversa porque o meu filho Brutus era um senador Romano e o meu meio-irmão, Cato, era também um membro eleito do Senado.

Nalgumas noites, na mesa da sala de jantar, quando os membros da família se reuniam, tudo o que eu conseguia ouvir eram observações, em tom elevado e desagradáveis, sobre o meu César. Eu fiquei em silêncio durante a maior parte destas discussões. A minha família não tinha conhecimento do meu relacionamento com César e eu não estava disposta a deixar o gato sair do saco agora.

Numa noite, enquanto eu estava a ler tranquilamente noutra sala da minha casa, eu ouvi o meu filho Brutus na sala grande, a entreter o que parecia ser um grande número de outros homens. Eu reconheci a voz de Cato e de alguns dos outros, mas muitos deles eram estranhos para mim. A dada altura, eu ouvi Brutus gritando:

"E se ele suprime o Senado e todos aqueles que fazem parte dele? O que será de nós e o que é que isso significará para as pessoas livres de Roma?"

As observações de Brutus foram seguidas por outras e eu ouvia, sem fôlego, à medida que a multidão de homens se transformava numa multidão altiva e sedenta de sangue. O seu humor era negro e eu, de repente, estava com receio, não apenas por César, mas por mim também.

O que é que eu devo fazer? A questão continuou a atormentar-me ao longo dos meses seguintes. Devo trair a minha família e falar com César sobre o que eu estava a ouvir ou manter a minha boca fechada e permanecer em silêncio?

Foi uma decisão difícil e que César não estava a facilitar. Ele tinha-se tornado cada vez mais aborrecido. Eu tinha enviado alguns convites para ele, recentemente, e ele tinha-os recusado a todos.

Foi só depois de ouvir alguns dos meus escravos falando na cozinha, nessa manhã, que eu finalmente entendi. César me estava ignorando, porque as suas atenções estavam viradas para qualquer outro lugar. Parecia que César se estava acolhendo junto daquela pulga horrível da areia, Cleópatra. Havia rumores de que ele estava mesmo levando ela para Roma, instalando ela em seu próprio apartamento. Como poderia eu ter sido tão cega!

As coisas não parecem estar bem, de todo.

Os Últimos Dias de César

Como serva favorita de César, eu passei a maioria das noites acordada a responder às suas chamadas. Esse dia não foi diferente. Dos meus aposentos, eu conseguia ouvir o sino a chamar-me para o seu quarto. Quando entrei no quarto, eu conseguia ver a sua esposa Calpúrnia a puxar uma capa quente sobre as suas roupas de dormir.

"Ele diz que tem uma dor de cabeça", latiu ela furiosamente. "Eu vou buscar outra cama para dormir." Ela foi violenta comigo enquanto eu estava junto da porta aberta, aguardando as suas ordens.

"Ó, a minha querida Césaris trouxe-me algo para o trovão que está a minha cabeça ", gemeu César. "Eu preciso de algo, rapidamente, antes que eu perca todo o controlo."

Eu, imediatamente, corri até a cozinha, onde preparei um chá quente, de ervas especiais. Tinha sido um mês de provação para o meu mestre. Se não era uma coisa, era outra. Ele tinha acabado de regressar a casa, de um curto fim-de-semana fora, esmagando mais uma rebelião, numa província vizinha. Ele parecia cansado.

Como se lutar contra os rebeldes já não bastasse, houve uma batalha ou duas na frente civil que estava tornando o inverno de 44 BC mais frio do que o habitual. As coisas entre César e a sua Calpúrnia estavam indo ladeira abaixo. Falou-se sobre uma outra namorada e Calpúrnia, claramente, não estava a gostar.

O clima no trabalho também aqueceu. Muitos dos membros do Senado de Roma estavam, claramente, descontentes com a liderança de César. Eles tinham concedido a ele o poder exclusivo de governar, mas de repente os senadores estavam questionando a sua própria decisão. Eles estavam agora preocupados que César pudesse abolir o Senado, deixando eles sem emprego.

Eu tinha trabalhado na casa de César desde que me lembrava. Como serva na casa de César, foi-me atribuído o nome de Césaris, como de costume. Um dos servos mais velhos que limpavam o balneário disse que eu tinha sido trazida de regresso a Roma, após a campanha de Gália.

Eu não fazia ideia de quem eram os meus pais ou sequer se ainda eram vivos. Eu tinha sido encontrada por um dos soldados de César, abandonada e escondida na floresta. Graças a César, eu fui salva de uma morte rápida.

Eu ainda fui tratada pela maioria como serva, mas eu sabia que César tinha encontrado um lugar especial em seu grande coração para mim. Eu guardava os meus sentimentos para mim mesma quando estava na companhia dos outros servos da casa, mas quando eu estava sozinha com César; eu só sentia amor e gratidão. Aquilo era o mais próximo que eu alguma vez teria de um pai na minha vida.

César estava sentado no sofá quando eu voltei com o

chá. Ele bebeu devagar e depois disse. "Minha Césaris, você tornou-se numa jovem mulher. Desejo, simplesmente, o melhor para si no futuro. Eu não vou ver você novamente abandonada. "

As palavras de César pesavam sobre mim, à medida que eu saia, calmamente, da sala. O meu César parecia estar a preparar-se para o pior dos tempos. Eu sabia que César estava a passar por um mau momento, mas certamente que os seus inimigos veriam o erro dos seus caminhos... Ou assim esperava eu.

Afinal de contas, César tinha sido bom para os Romanos. Com milhares de compatriotas por detrás dele, ele tinha ganho novos territórios, bem para além das fronteiras de Roma. Com essas conquistas advieram grandes riquezas. Era uma questão de registro escrito que César havia conquistado, pelo menos, oitocentas cidades! Ele foi um grande comandante militar e um estadista ainda melhor.

Ele criou uma força policial para proteger o seu povo, aboliu os impostos excessivos e publicou uma lei que proibia a extorsão. Ele até lançou o primeiro jornal de Roma, o Acta Diurna, que narrava a atividade dos líderes do governo, na Assembleia e no Senado. Além disso, ele criou o calendário Juliano que substituiu, com sucesso, o calendário Romano. Nada mau, de todo, pensei eu.

Várias semanas mais tarde, tudo mudou. Naquela manhã fatídica, eu ouvi Calpúrnia chorando dentro de seu quarto. Ela estava implorando a César para que não fosse trabalhar. Calpúrnia estava invocando um sonho que a tinha avisado que um acontecimento trágico estaria prestes a ocorrer. César riu do alerta e avançou para o Senado, para aquele que, achava ele, seria um dia normal de trabalho.

A meio da tarde, a casa de César estava silenciosa. Um mensageiro tinha chegado, algumas horas antes, para informar Calpúrnia, acerca do assassinato de César. César tinha chegado ao Senado, naquela manhã, para encontrar uma multidão de senadores furiosos à sua espera, com a ideia de assassinato em suas mentes. De acordo com relatos que se ouviram, mais tarde, naquele dia, existiam quase sessenta atacantes no grupo. César havia sido esfaqueado vinte e três vezes!

Quando eu ouvi a notícia, eu colapsei em meu quarto, chorando. César tinha morrido. Calpúrnia me havia tratado suficientemente bem, mas sempre houve uma distância entre nós. César era diferente. Ele me havia tratado com bondade, apenas.

No mês do assassinato, eu ouvi mais notícias, desta vez acerca da última vontade e do testamento de César, que me deixaram chocado e muito feliz. César havia deixado instruções, em seu testamento, para que eu fosse libertado após a sua morte. Como era costume Romano, ele era obrigado a fornecer uma casa e um meio de sustento a um escravo liberto e essa promessa foi cumprida em relação a mim.

Agora, muitos anos mais tarde, eu ainda penso em César, pelo menos, uma vez por dia. Sei que César tinha uma filha real, chamada Júlia. Embora eu nunca possa afirmar ser sua descendente legal, agradeço diariamente aos deuses por ter me oferecido um homem que era como um pai; meu benfeitor e campeão, o grande Júlio César.

ENGLISH

The Young Julius Caesar

My smiling face had a funny way of opening doors for me. All the mothers of my friends thought I was just the cutest young boy and my good manners didn't hurt either. When I knocked on the large wooden door at the home of my buddy Julius Caesar, his mother Aurelia Cotta ushered me into the house.

"Welcome Flavio," she exclaimed with a grin. "Julius is so blessed to have a friend like you."

I graciously accepted her kind words with a nod of my head (and a big smile of course) then headed for the courtyard, where I knew Julius would be playing.

Julius's house was pretty big as Roman houses go. Not the largest in Rome, by any means, but impressive just the same. Julius's father was Gaius Julius Caesar. He was a well-known magistrate and former governor of Asia. Aurelia Cotta was also from one of the better families in Rome so Caesar's family was not poor. Their house sat on a large hill overlooking the city below.

When I found Julius he was amusing himself with a game of knucklebones. The game is played using the small knucklebones of sheep or goats. The object of the game is to throw a handful of knuckles into the air and have as many of them as possible land on the back of your hand. The more knuckles you used the more difficult. As you might imagine, it wasn't an easy game to play but Julius seemed to be enjoying the challenge.

"Oh Flavio," yelled Julius. "I am so glad to see you. I was beginning to go crazy having no one to play with. Well, no one but my sister Julia and the thought of playing with dolls again was just too much for me to endure."

"Now we can play a game of war. You Flavio can be the enemy of Rome and I will be the Great Caesar. The finest soldier Rome has ever seen!"

I was just about to complain about always being the enemy when Julius tossed me a wooden sword from his toy box; the handle of the blade landed inches from my feet. As the next second passed, Julius had already pulled his own sword from the box and was charging me like a raging bull.

I was a big boy for ten and Julius was much smaller but I knew if I didn't act quickly the Great Caesar would have been on my back begging for mercy. I bent over quickly to pick up my sword and deflected Caesar's first blow with the edge of my blade. Our big battle lasted for at least five minutes with swords crashing into one another until I finally retreated. In the end, as expected, the Great Caesar remained victorious.

"Is there anything to eat," I asked, rubbing my stomach with hunger.

"I think the Great Caesar can find a morsel or two for the defeated, said Julius laughing. How does a bowl of figs and honey sound?"

I followed Caesar from the courtyard to the back of the house where the Culina or kitchen was located. In Caesar's kitchen only slaves cooked meals but today the small room was empty.

"They must be in the garden collecting herbs for tonight's meal," said Julius. "We will have to help ourselves it seems."

While the two of us were busy looking in the pantry for the sweet pot of honey some familiar laughter caught our attention. Behind us just entering the room was Julius's sister Julia and her good friend Cornelia.

"Oh God, it's just my ugly sister," Caesar complained.

"How dare you address me in such a manner," Julia responded.

Before Julius could speak again a large wooden stirring spoon came flying through the air, hitting him directly on his backside.

"Bull's-eye," Julia shouted.

Caesar, in turn, started chasing the girls around the kitchen encouraging me to join the battle. As I followed Julius like a good soldier I noticed he was spending all of his energy trying to catch Cornelia and not Julia. When he finally caught up with her and took her by the arm, the young Cornelia objected.

"It's not me that you want Julius."

"Not true," Caesar said, whereupon everyone began

to giggle and laugh. Cornelia was also beginning to blush. With that both girls scampered off into the house leaving the two of us to our honey.

“Another battle won," I commented to Caesar as we ate.

"Almost won," he replied. "But I will marry that girl one day."

I believed him without a doubt. My friend Julius was not just another ordinary boy. There was something about him that was different. Time would tell the tale.

When Julius was only fifteen years of age his father died and soon after his whole world began to change. We had been close up until then but after his father’s death we slowly grew apart. I was busy working on my family's plantation helping tend the vineyards and Julius was beginning a new career with the army.

His exploits as a soldier and then as a commander were the talk of the town. Despite his young age Julius quickly became a great soldier and more importantly, a great leader.

There had been a rumour in those early days that he was to marry but, for reasons unknown to most, the marriage never occurred. However, the reason was quite clear to me. She simply wasn't his true love.

Several years later at the age of eighteen Julius Caesar finally did marry. The bride was the very same girl he had chased so long ago in his father's kitchen; Cornelia!

Kidnapped

The young Julius Caesar stood at the bow of the roman grain ship and looked out at the sea before him. The boy I cared for years ago had grown quickly into a very handsome man.

As his personal physician I knew all too well how capable a man Julius had become. But his mother, a bit of a worry wart, had the idea that Caesar couldn't tie the laces of his sandals without a legion of helpers at his side! I was hired to babysit.

The heavy fog from earlier that morning was just beginning to lift. I joined Julius on the deck and we both quietly watched the sun break through the clouds. He was on his way to the island of Rhodes to study philosophy and I had been sent with him on this journey by his mother. This trip to Rhodes would be a short but welcome retreat from the daily demands of a busy Rome for both of us.

Julius had just settled down on a small keg of rations and was starting to read a book he had pulled out from under his cloak and that's when the action began. I was about to leave him to his studies when a loud and disturbing thud shook the ship. If it hadn't been for Julius's strength and speed this old doctor might have been thrown right over the side of the ship and into the sea. I mumbled a quick thank you as he steadied me on my feet.

Then we both turned to see what had caused such a loud noise and saw a smaller ship boasting a foreign flag hugging the east side of the stern. Caught by surprise, we were suddenly in the unwelcome company of sword wielding pirates!

A friend, who was also accompanying Julius on this trip, staggered to the deck from the hull below. His name was Caro and he owned a plantation not far from the city of Rome. The three of us stood frozen in silence as the band of Cilician pirates boarded the grain ship.

We knew immediately that the pirates were not interested in the valuable grain in the hull of the ship. Instead of wheat these pirates directed their interest to Caesar himself and the sizeable ransom they could get for his release.

Julius was a brave and courageous man, but he understood he was outnumbered by the intruders. The Cilician pirates had been a thorn in the side of Rome for years now. However, they were a problem the Roman armies often ignored because they brought the Roman nobility slaves and free labour. But now, with a sharp sword held dangerously close to Caesar's throat, the habit of ignoring the pirates seemed a poor practice.

The pirate who was clearly the leader eventually approached Julius. He had a wicked smile on his face. I knew he was the leader only because he talked the most and carried a belly bigger than the rest. He was a man who clearly enjoyed giving orders more than taking them.

"My dear Julius Caesar, we finally meet. I am sad it could not be under better circumstances but men of commerce, like myself, need to strike when the opportunity presents itself."

"Of course", Caesar responded. "But I am surprised considering your great size that you didn't sink this ship and all on it when you boarded her today."

The leader of the pirates began to laugh.

"Caesar, I knew you would be valuable to me but I never imagined you would be entertaining. Not only will we earn a hefty sum of twenty talents for your return but we will enjoy a joke or two as well."

"Twenty talents, Caesar shouted angrily. Who do you think you are kidnapping, anyway? I am worth twice that much. I will guarantee you fifty talents for my release!"

The pirates who were always in search of a good deal accepted the offer from Caesar right away and without argument. The pirates then took Caesar and I off the grain ship and onto the pirate ship. Caro was left behind. It was his job to travel on to the closest city and raise the ransom.

For the next thirty eight days Julius and I were held captive on the pirate's ship. As the days passed I was surprised to see how quickly Caesar made friends with his kidnappers. He would spend all of his time telling jokes and making them laugh. . He read them poetry and recited speeches. If anyone criticised his performances he would respond by calling them savages and threatened to hang them all as punishment. The pirates, on the other hand, viewed Caesar's tongue with amusement thinking him more simple than wise.

After thirty eight days Caro returned, the ransom was paid and we were given our freedom. Much to my surprise, instead of continuing his trip to Rhodes, Caesar proceeded to Miletus where he hired ships and men to give chase to the pirates.

Meanwhile, back on the pirate ship, the fat pirate and his crew had already forgotten about the young Caesar. They were busy celebrating their victory when suddenly a loud and disturbing thud shook the ship. The fat pirate and his bag of ransom money went flying through the air, crashing into a wall and falling to the floor.

When he rushed up onto the deck to see what all the commotion was about he was horrified to see a big Roman warship had rammed the side of his vessel. The tables had suddenly turned! Standing before him was Caesar waving his sword angrily in the air with a hundred Roman soldiers behind him. A short battle took place and all the pirates were captured.

Caesar had been a man of his word. As promised, each and every one of the pirates was put to death. Caesar, on the other hand, escaped the battle with no more than a scratch. While I was bandaging his small wound, Caesar looked down at his old doctor. Holding tightly to a bag of coins he spoke,

"I told you that I was worth fifty talents."

Caesar, I thought to myself, had just had the last laugh!

Macresco

I was barely twelve years old when they sent me to work as a slave with the tent keepers on Julius Caesar's military campaign in Gaul. The name given to me by the Romans was Macresco, which is Latin for skinny. When I first met my master, the great Caesar, he said "You're so skinny when you turn sideways you disappear!" My small thin frame was amusing to some, but I always managed to get the job done.

Julius Caesar was very kind to me and valued the work I provided. "You are a hard working boy for your size", he would say. "When we put some meat on your bones and you get a few more years under your belt we will have a fine soldier in our ranks."

My job as a tent keeper involved putting up and taking down Caesar's tent when he was out on the battlefield. It was a large tent, almost as big as the average Roman home. It took at least a dozen of us to set the sturdy poles into the ground.

We would then pull large sections of goat or calf hide over the tops of the poles and anchor them to the ground with thick wooden stakes. Despite the hard work we often laughed and liked to crack jokes saying, "this work is so hard and intense … in tents ... get it?" Apparently it didn't take much to make us laugh.

Once the tent was in place we would unload all the supplies from the donkey pulled carts and move them into Caesar's tent. Caesar had everything he needed in his tent; chairs and tables as well as a large bed with thick sheepskins to keep him warm. Close by Caesar's huge tent we would set up a smaller tent where all the slaves could cook his meals and attend to his daily needs.

Our commander's tent was always erected far from the battle to avoid threat of attack. But even a safe distance could not mask the sounds of war. While repairing tears in the tent walls I could easily hear the thunder of horse's hooves and the deadly clanging of metal as sword met sword.

The war in Gaul would last longer than anyone expected. From beginning to end it would span almost nine years. My service to Caesar began when I was twelve and continued into adulthood. But my years spent as a tent keeper ended when I was just seventeen.

On my seventeenth birthday I was granted my freedom by Julius Caesar with thanks for my years of loyal service. Right away, I was asked to continue serving Caesar as a free man ,by becoming a soldier under his personal command.

I accepted the offer to serve in Caesar's army gladly. As a tent keeper he had treated me fairly. While growing up on the job the talk among soldiers was always favourable when they spoke of their leader. Caesar shared his wealth with his soldiers and paid them promptly. Soldiers under Caesar also were given parcels of land as rewards upon retirement.

"Why wouldn't I join the ranks?", I thought to myself. "I would be foolish not to."

In the years that followed I fought alongside Caesar. With every battle won we advanced further into Gaul, conquering one tribe after another as we moved west. Caesar earned his soldier's loyalty. When he commanded his troops in battle it was Caesar himself who led the charge. He was fierce in battle; whether on his horse or on the ground, Caesar handled his sword with great skill. He was born to fight and his men fought willingly by his side.

Our battles in Gaul were not all victories. There were some setbacks. Just when Caesar thought he had conquered Gaul a revolt erupted from within, led by Vercingetorix. The Big V, as Caesar would call him, proved to be a worthy opponent. This new thorn in the side of Caesar quickly reunited the Gallic tribes and defeated Caesar's troops in the next few battles!

But Caesar wasn't ready to give up his newly acquired territories without a fight. In the Battle of Alesia, Caesar and his men were able to encircle Vercingetorix and his garrison of 80,000 men. His strategy was simple yet effective. He dug a series of trenches, complete with guard towers, around the whole town. Unable to get food or supplies, the Big V was forced to surrender. This battle marked the end of the Gaul campaign and made Caesar the final victor.

When Caesar returned to Rome I followed. I had been rewarded nicely for my loyalty and was looking forward to my retirement the hard military life. As we retraced our steps back to Rome, I was shocked to see the waste and destruction before me. I had been a willing participant in all of this and was beginning to feel tremendous shame and regret.

As we continued our trek home Caesar directed the troops to take Gauls from the conquered provinces as slaves, to be put up for auction in Rome. It wasn't just able bodied men; women and children were taken too. By the time we got to Rome the head count of slaves taken, numbered in the thousands.

It was something I couldn't ignore. Being a slave once myself, I was suddenly horrified to see a part of Caesar that I never knew existed. I wondered to myself, as I entered the gates of Rome, what kind of future lay ahead for the Great Caesar. Indeed I thought I caught a glimpse of a few frowning senators as we headed into the city. Would the Roman citizens, cheering so wildly now, eventually change their minds about this popular leader? Only time would tell ...

Servilia – The Other Woman

There were two things in Julius Caesar's life that held great importance to him. The first was a good fight that ended with his truly being the only victor and the second was the love of a good woman.

As every Roman knew well, Caesar had his share of both. His military conquests were legendary and he was currently working on his third marriage. While Caesar never made me a wife I was someone who had graced his life through two of these three marriages. In fact, our special friendship had already spanned almost twenty five years.

In appreciation for the good things I offered Caesar I was given a large house in Rome with all the trappings a person of my stature deserved and expected.

"Servilia, you are not just another pretty face," he would whisper in my ear. "You deserve all of this and much more."

I, of course, agreed wholeheartedly with everything Caesar said. It was definitely true. I was more than just a pretty face; I was smart. Caesar knew it and I knew it!

Whenever I was in the company of Caesar I would flirt with him like a schoolgirl. And Caesar would always respond like a young lovesick boy. So much, in fact, that after returning from his military campaign in Gaul he brought me a beautiful black pearl as a gift. He thought of me even in the heat of battle. His wife, Calpurnia, might have received a ceremonious peck on the cheek but I got precious stones!

In the early years of my friendship with Caesar he was away most of the time leading his armies against the enemies of Rome. While he was gone I was left with the job of raising my only son. Brutus's father had been killed years ago.

By the time Caesar made his final return to Rome, Brutus had grown into a handsome man. He had become a statesman and soon after that, a member of the Roman senate. I was pleased with his success and I thought Caesar would be impressed with him as well. As it turned out, I couldn't have been more wrong.

When Caesar returned triumphantly from years of war his taste for power continued in the political arenas of Rome. Out of respect and fear, the Roman Senate named Caesar "dictator in perpetuity".

This meant that Julius Caesar would remain in power for as long as he lived. The idea of Caesar being in power that long never bothered me much. After all he was the star charioteer and I was his adoring cheerleader. After so many years, we were still a match made in heaven.

But now there was talk among members of the Senate that Caesar's new position would threaten their position as well as the Senate itself. I knew of all this talk because my son Brutus was a Roman senator and my half-brother, Cato, was an elected Senate member as well.

Some nights at the dining room table, when family members gathered, all I could hear would be loud and nasty remarks about my Caesar. I remained silent during most of these discussions. My family was not aware of my relationship with Caesar and I wasn't about to let the cat out of the bag now.

One night, while I was quietly reading in another room of my house, I heard my son Brutus in the great room entertaining what sounded like a large number of other men. I recognised Cato's voice and a few of the others, but many were strangers to me. At one point, I heard Brutus shouting:

"And what if he abolishes the Senate and everyone in it? What will become of us and what will this mean to the free people of Rome?"

Brutus' remarks were followed by others and I listened breathlessly as the crowd of men turned into a loud, blood thirsty mob. Their mood was dark and I was suddenly afraid, not just for Caesar but for myself as well.

What should I do? The question continued to plague me over the next few months. Should I betray my family and speak to Caesar about what I was hearing or keep my mouth shut and remain silent?

It was a tough decision and one that Caesar wasn't making any easier. He had become increasingly annoying. I had sent a few invites his way recently and he had turned them all down.

It was only after hearing some of my slaves chattering in the kitchen this morning that I finally understood. Caesar was ignoring me because his attentions were going elsewhere. It appeared Caesar was cozying up to that awful sand flea, Cleopatra. Rumour had it he was even bringing her to Rome and setting her up with her own apartment. How could I have been so blind!

Things didn't look good at all.

The Last Days of Caesar

As Caesar's favourite servant I spent most nights awake answering his calls. This day was no different. From my chambers I could hear the bell beckoning me to his bedroom. When I entered the room I could see his wife Calpurnia pulling a warm cape over her nightclothes.

"He says he has a headache," she barked angrily. "I will find another bed to sleep in." She stormed by me as I stood at the open door awaiting his command.

"Oh, my dear Caesaris bring me something for the thunder in my head," moaned Caesar. "I need something quickly before I lose all control."

I immediately scurried down to the kitchen where I made a warm tea from special herbs. It had been a trying month for my master. If it wasn't one thing, it was another. He had just returned home from a short weekend away, squashing yet another rebellion in a neighbouring province. He looked tired.

As if fighting the rebels wasn't already enough, there was a battle or two on the home-front that was making the winter of 44 BC colder than usual. Things between Caesar and his Calpurnia were going downhill. There was talk about another girlfriend and Calpurnia was clearly not amused.

The climate at work was heated as well. Many of

Rome's Senate members were clearly unhappy with Caesar's leadership. They had given him the sole power to rule but suddenly the Senators were questioning their own decision. They were now worried that Caesar might abolish the Senate, leaving them without jobs.

I had worked in the house of Caesar for as long as I could remember. Because I was a servant in the house of Caesar, I had been given the name Caesaris, as was the custom. One of the older servants who cleaned the bathhouse said I had been brought back to Rome after the Gaul campaign.

I had no idea who my parents were or whether they were even still alive. I had been found by one of Caesar’s soldiers, abandoned and hiding in the forest. By the grace of Caesar I had been saved from a quick death.

I was still treated by most as a servant but I knew that Caesar found a special place in his big heart for me. I kept my feelings to myself when I was in the company of the other house servants, but when I was alone with Caesar; I felt only love and gratitude. This was the closest I would ever come to having a father in my life.

Caesar was sitting on the sofa when I returned with his tea. He drank it slowly and then spoke. "My Caesaris, you have grown into a lovely young woman. I wish only the best for you in the days ahead. I will not see you abandoned again."

Caesar's words weighed heavily on me as I quietly exited the room. My Caesar almost sounded like he was preparing himself for the worst of times. I knew Caesar was having a bad time of late, but surely his enemies would see the error of their ways ... or so I hoped.

After all, Caesar had been good for Romans. With thousands of his countrymen behind him, he had won new territories well beyond the existing borders of Rome. With these conquests came great riches. It was a matter of written record that Caesar had conquered at least eight hundred cities! He was a great military commander and an even better statesman.

He created a police force to protect his people, abolished unreasonable taxes and made a law forbidding extortion. He even produced Rome's first newspaper, the Acta Diurna, which chronicled the activities of government leaders in the Assembly and the Senate. In addition, he created the Julian calendar which successfully replaced the Roman calendar. Not too shabby at all, I thought.

Several weeks later everything changed. That fateful morning I heard Calpurnia crying inside her bedroom chamber. She was begging Caesar not to go to work. Calpurnia was claiming a dream had warned her that a tragic event was about to occur. Caesar laughed the warning off and proceeded to the Senate for what he thought would be a normal day of business.

By mid-afternoon, the house of Caesar was dead quiet. A messenger had arrived a few hours earlier to inform Calpurnia of the assassination of Caesar. Caesar had arrived at the Senate that morning to find a mob of angry senators waiting with murder on their minds. According to reports that trickled in later that day, there were almost sixty attackers in the group. Caesar had been stabbed twenty three times!

When I heard the news I collapsed in my room, sobbing. Caesar was gone. Calpurnia treated me nicely enough but there was always a distance between us. Caesar was different. He had treated me only with kindness.

Within a month of the assassination I heard more news, this time from Caesar's last will and testament, that left me shocked and overjoyed. Caesar had left instructions in his will that I be freed upon his death. As was the Roman custom, he was obliged to provide a freed slave with a house and a means of support and this promise to me was kept.

Now, many years later, I still think of Caesar at least once every day. I know Caesar had a real daughter of his own named Julia. While I could never claim to be his legal offspring, I thank the Gods daily for providing me with a man who was like a father; my benefactor and champion, the great Julius Caesar.

Printed in Great Britain
by Amazon

35164157R00061